TORO SENTADO

JEFE SIOUX

CHRIS HAYHURST

TRADUCCIÓN AL ESPAÑOL:
EIDA DE LA VEGA

The Rosen Publishing Group, Inc.

Editorial Buenas Letras™
New York

Published in 2004 by The Rosen Publishing Group, Inc.
29 East 21st Street, New York, NY 10010

First Spanish Edition 2004
First English Edition 2004

Cataloging Data

Hayhurst, Chris.
[Toro Sentado. Spanish]
Toro Sentado / Chris Hayhurst. — 1st ed.
    p. cm. — (Grandes personajes en la historia de los Estados Unidos)
Summary: A biography of the Sioux chief who worked to maintain the rights of Native American people and who led the defeat of General Custer at the Little Bighorn in 1876.
Includes bibliographical references and index.
ISBN 0-8239-4144-2 (lib. bdg.)
ISBN 0-8239-4238-4 (pbk. bdg.)
6-pack ISBN 0-8239-7614-9
1. Sitting Bull, 1834?–1890—Juvenile literature. 2. Dakota Indians—Biography—Juvenile literature. 3. Hunkpapa Indians—Biography—Juvenile literature. [1. Sitting Bull, 1834?–1890. 2. Dakota Indians—Biography. 3. Hunkpapa Indians—Biography. 4. Indians of North America—Great Plains—Biography. 5. Kings, queens, rulers, etc.] 6. Spanish language materials.]
I. Title. II. Series: Primary sources of famous people in American history. Spanish.

E99.D1 S584 2003
978.004'9752'0092—dc21

Manufactured in the United States of America

Photo credits: cover (X-33835), pp. 4 (X-31668), 5 (B-74), 21 (X-33793), 24 (B-348), 25 (B-750), 26 (B-793A) Denver Public Library, Western History Collection; pp. 7 (top), 11, 19 © Hulton/Archive/Getty Images; p. 7 (bottom) South Dakota State Archives; p. 8 © Geoffrey Clements/Corbis; p. 9 Smithsonian American Art Museum, Washington, DC/Art Resource, NY; pp. 12, 16 Werner Forman/Art Resource, NY; pp. 13, 18 © North Wind Picture Archives; p. 14 © Christie's Images/Corbis; p.15 © Stapleton Collection/Corbis; p. 17 © Bettmann/Corbis; pp. 22, 28 Library of Congress Prints and Photographs Division; p. 23 (top) The Stapleton Collection/The Bridgeman Art Library; p. 23 (bottom) Whitney Gallery of Western Art, Cody, Wyoming/The Bridgeman Art Library; p. 27 © Corbis; p. 29 © Dave G. Houser/Corbis.

Designer: Thomas Forget; Photo Researcher: Rebecca Anguin-Cohen

CONTENIDO

1 INFANCIA

Corría el año 1831. A la orilla del río Grand, en lo que hoy es Dakota del Sur, una mujer nativoamericana estaba dando a luz. El padre, un guerrero de la tribu Lakota Sioux, vigilaba de cerca. Cuando nació el bebé, sus padres lo llamaron Tejón Saltarín.

Dos mujeres Lakota Sioux sentadas frente a sus tipis con bultos de leña. Los sioux eran un pueblo nómada y acampaban donde hubiera búfalos.

Esta fotografía de estudio de Toro Sentado fue tomada en la década de 1880 después de la batalla de *Little Bighorn*, cuando ya se había rendido al ejército norteamericano.

5

Tejón Saltarín no era como los demás niños de la tribu Hunkpapa Lakota. Se movía lentamente y pensaba bien antes de actuar. Pronto lo llamaron Hunkesni, que significa "lento". Pero Hunkesni no era lento. Por el contrario, al crecer, adquiría destrezas con rapidez.

¿SABÍAS QUE...?

El nombre que le dieron a Toro Sentado, Tatanka Iyotanka, fue elegido para reflejar su firmeza y coraje. Describe un búfalo sentado en sus cuartos traseros y que se niega a moverse.

Un chico en su caballo. A los indios americanos se les enseñaba a montar a muy temprana edad. Debajo, un mapa del Territorio de Dakota. Las montañas Black Hills están al oeste del territorio.

Una de las habilidades que Hunkesni dominaba era la caza. La tribu Hunkpapa y todas las tribus Lakota cazaban búfalos para comer. El enorme animal servía también para hacer vestidos, tipis y camas. La caza del búfalo era el principal medio de vida para los Lakota. Hunkesni mató su primer búfalo a los diez años de edad.

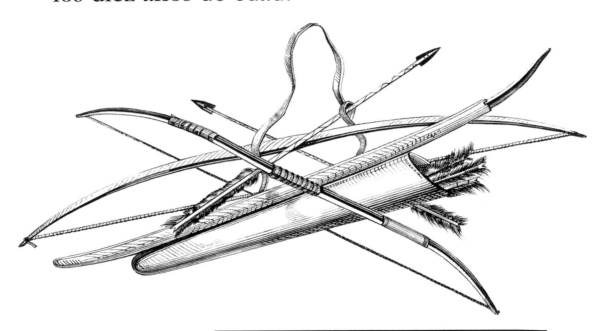

Este dibujo muestra los arcos y flechas de los indios sioux. El arco y la flecha eran muy importantes en una comunidad que cazaba para obtener sus alimentos.

Una descripción de una cacería de búfalo en la pradera. Pintura del artista John M. Stanley (1814–1872).

El búfalo era tan importante para los Lakota que con frecuencia los conducía a la guerra. Otras tribus nativoamericanas también cazaban búfalos. A veces sus territorios de caza eran los mismos. Las tribus luchaban entre sí por el búfalo y por la tierra donde vivía. Para los jóvenes Lakota era muy importante aprender a pelear.

LOS BÚFALOS

Los nativos americanos obtenían casi todo lo que necesitaban del búfalo. Les daba alimento. Con la piel hacían vestidos y tipis. Los tendones se usaban para hacer cuerdas para arcos.

Un dibujo de un poblado
nativoamericano del artista George
Catlin (1796–1872). A la derecha, los
cueros de búfalo son limpiados y
puestos a secar al sol.

2 EL GUERRERO

Corría el año 1845. Hunkesni y un grupo de guerreros Lakota llegaron a un río y encontraron una banda de guerreros Crow junto al agua. Hunkesni, que conducía la tribu, fue el primer Lakota en atacar. Derribó a un Crow de su caballo. En pocos minutos casi todos los guerreros Crow estaban muertos.

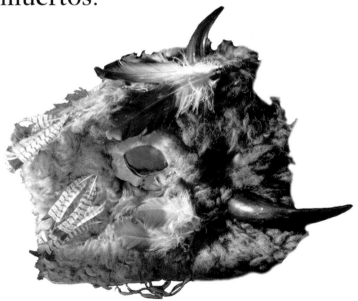

Las máscaras de pony sioux son usadas por los caballos en las ceremonias de los nativos americanos para demostrar la importancia de sus propietarios.

Un guerrero a caballo examina a los enemigos muertos después de una escaramuza entre diferentes tribus.

13

En una ceremonia especial el padre de Hunkesni felicitó a su hijo por su valentía en la batalla con los Crow. Para honrarlo como hombre le otorgó su nombre. Desde ese momento, Hunkesni sería conocido como Tatanka Iyotanka: Toro Sentado.

La camisa de un guerrero sioux. Estas camisas se teñían con pigmentos locales y se adornaban con plumas y pelos.

Esta pintura de una danza, del artista nativoamericano Amos Bad Heart Buffalo, data de alrededor de 1890.

En 1857, Toro Sentado fue nombrado jefe guerrero de la tribu Hunkpapa, y fue reconocido como hombre santo o Wichasha Wakan.

Los Hunkpapa creían que Toro Sentado tenía poderes espirituales. Un gran líder era lo que ellos necesitaban. Una nueva amenaza, mucho más grande que la de los Crow, se les avecinaba.

El penacho de guerra con pluma de águila usado por los jefes sioux. Hay un retrato de Toro Sentado con un penacho como éste, en la página 5.

Los cazadores disparan a los búfalos que parecen bloquear el paso de un tren. Se buscaba cualquier excusa para matar búfalos porque los nativos americanos dependían de ellos para comer.

3 EL LÍDER

Toro Sentado había visto gente blanca toda su vida. En ocasiones, los blancos y los Lakota se encontraban para comerciar. En otras, peleaban. El objetivo real de los blancos era obtener oro y nuevos territorios. Ellos creían tener derecho a la tierra de los nativos americanos.

Estos nativos americanos intercambian pieles de búfalo por azúcar, té, pólvora y otras mercancías.

Mucha gente del este simpatizaba con los nativos americanos. Esta caricatura representa a Nelson Miles, responsable de la masacre de *Wounded Knee*, se lo muestra aprovechándose de las reservas indias.

En 1868, los Lakota eligieron a Toro Sentado como jefe de toda la tribu. Toro Sentado se esforzó por unir a su pueblo. En el invierno de 1876, los soldados asaltaron y destruyeron uno de sus campamentos, y obligaron a los sobrevivientes a permanecer a la intemperie. Toro Sentado lo consideró un acto de guerra.

EL VALOR DE LAS COLINAS NEGRAS

A Toro Sentado y a los Lakota Sioux se les pidió mudarse a reservaciones porque se había descubierto oro en su territorio. La expedición que hizo ese descubrimiento estaba conducida por George Armstrong Custer.

Toro Sentado se dirige a sus seguidores y les pide que resistan la demanda de Estados Unidos de abandonar las Colinas Negras.

El 25 de junio de 1876, el mayor general George Armstrong Custer dirigió sus tropas en un ataque al pueblo Lakota. Custer y sus hombres fueron derrotados. Los Lakota, conducidos por Toro Sentado, mataron a Custer y a casi todos sus hombres pero el ejército de Estados Unidos continuó atacando a los Lakota hasta que acabó con su resistencia. Una por una, todas las tribus Lakota se rindieron. Toro Sentado también tuvo que hacerlo.

Una fotografía del mayor general George Armstrong Custer. Su comportamiento temerario le hizo ganar batallas durante la Guerra Civil pero lo condujo al desastre en *Little Bighorn*.

Dos imágenes de la batalla de *Little Bighorn*. Arriba, la retirada del comando del mayor Reno pintada por Amos Bad Heart Buffalo. Debajo, la heroica pintura de la resistencia de Custer realizada por Edgar Paxton.

Toro Sentado y su tribu fueron enviados a la reservación de Standing Rock. La reservación era administrada por el gobierno de Estados Unidos.

Un día, miembros del gobierno fueron a la reserva de Toro Sentado a explicarle que parte de la reservación se abriría a los blancos. Toro Sentado se enfureció.

Un retrato de Toro Sentado y de William "Buffalo Bill" Cody, en 1885. Toro Sentado trabajó por un corto tiempo con Cody en su espectáculo del Lejano Oeste, antes de regresar a territorio sioux.

Fotografía de uno de los juicios a Toro Sentado en Standing Rock, donde lo acusaban de presionar a varias tribus para que resistieran las demandas de los blancos.

Los Lakota comenzaron a ejecutar una ceremonia llamada la Danza Fantasma. Creían que la danza los libraría de los blancos y les devolvería su tradicional modo de vida. Los soldados norteamericanos enseguida prohibieron la Danza Fantasma, pero los nativos americanos continuaron bailando.

Una fotografía de las dos esposas e hijas de Toro Sentado, tomada alrededor de 1880.

Los indios sioux ejecutan la Danza Fantasma, parte de un nuevo culto religioso que enseña a los sioux que las balas de los blancos no pueden matarlos.

De regreso en la reservación *Standing Rock*, el gobierno temía que Toro Sentado llevara la Danza Fantasma a su pueblo. El 15 de diciembre de 1890, enviaron policías nativoamericanos a la casa de Toro Sentado para arrestarlo. Lo arrastraron afuera de su casa. En la confusión, empezó una pelea. Sonaron unos disparos. Toro Sentado apareció muerto.

La tumba de Toro Sentado, cerca de Mobridge, Dakota del Sur. En el momento de su muerte, las Guerras Indias habían terminado y la mayoría de las tribus estaban confinadas en reservaciones.

El monumento a Toro Sentado fue construido junto a su tumba, cerca de Mobridge, Dakota del Sur.

CRONOLOGÍA

1831—Nace Toro Sentado, cerca del río Grand.

1845—Toro Sentado interviene en su primera batalla y es honrado por su tribu como guerrero.

1857—Toro Sentado es nombrado jefe de la tribu Hunkpapa Lakota sioux.

1868—Toro Sentado es elegido jefe principal de los Lakota sioux.

1876—Comienza la guerra entre los Lakota sioux y el ejército de Estados Unidos.

Década de 1880—Toro Sentado y su tribu son obligados a vivir en reservaciones.

1890—Toro Sentado es asesinado mientras lo arresta la policía de la reservación.

GLOSARIO

ceremonia (la) Celebración especial que se ejecuta en ciertas ocasiones.

guerrero(a) Alguien que interviene en la batalla.

Hunkpapa Una tribu perteneciente a los indios Lakotas.

jefe (el, la) Líder de una tribu o nación nativoamericana.

reservación (la) Tierra que el gobierno norteamericano asigna a los nativos americanos para que vivan.

SITIOS WEB

Debido a las constantes modificaciones en los sitios de Internet, Rosen Publishing Group, Inc., ha desarrollado un listado de sitios Web relacionados con el tema de este libro. Este sitio se actualiza con regularidad. Por favor, usa este enlace para acceder a la lista:

http://www.rosenlinks.com/fpah/sbul

LISTA DE FUENTES PRIMARIAS DE IMÁGENES

Página 4: Dos mujeres nativoamericanas, en una estereografía, realizada por Bailey, Dix and Mead en 1882, ahora en la Biblioteca Pública de Denver.

Página 5: Fotografía de David Francis Barry, de la década de 1880, ahora en la Biblioteca Pública de Denver.

Página 7: Una estereografía de un joven nativoamericano a caballo. Debajo, un mapa del Territorio de Dakota, década de 1880, cortesía de la Sociedad Histórica de Dakota del Sur.

Página 8: Arcos y flechas sioux, dibujados por Karl Bodmer en la década de 1830.

Página 9: *Cacería de búfalos en las praderas del suroeste*, John M. Stanley, óleo sobre tela, 1845, ahora en la *Smithsonian Institution*.

Página 11: *Un poblado indio* de George Catlin (1796–1872).

Página 12: Máscara pony, ahora en el Museo de los Indios Americanos, Fundación Heye.

Página 13: *Guerrero nativoamericano*, grabado coloreado a mano.

Página 14: Camisa de guerrero sioux, fotografiada por Peter Harholdt en 1849.

Página 15: *Danza en honor del guerrero perro* de Amos Bad Heart Buffalo, alrededor de 1890.

Página 16: Gorro de guerra con pluma de águila, ahora en el museo Plains Indian, Centro Histórico Buffalo Bill, en Cody, Wyoming.

Página 17: *Disparando a los búfalos* del periódico ilustrado de Frank Leslie, 3 de junio de 1871, ahora en la Biblioteca del Congreso.

Página 19: *Agente indio*, 1890.

Página 21: Toro Sentado se dirige a sus seguidores, tomado de la Historia del Lejano Oeste de Kelsey, publicado entre 1880 y 1890.

Página 22: George Armstrong Custer, fotografiado por Mathew Brady antes de 1865, ahora en la Biblioteca del Congreso.

Página 23: *La retirada del comando del mayor Reno* de Amos Bad Heart Buffalo (1869-1913). *La resistencia de Custer* de Edgar Paxton (1852-1915)

Página 24: Toro Sentado y William Cody, fotografiados en 1885 por David Francis Barry, ahora en la Biblioteca del Congreso.

Página 25: La reserva india de Standing Rock, fotografiada en 1886 por David Francis Barry, ahora en la Biblioteca del Congreso.

Página 26: Fotografía de las esposas y las hijas de Toro Sentado, tomada en la década de 1880 por David Francis Barry, ahora en la Biblioteca del Congreso.

Página 27: Danza Fantasma, 1881.

ÍNDICE

ACERCA DEL AUTOR

Chris Hayhurst es técnico en emergencias médicas, escritor profesional y periodista. Chris ha publicado docenas de libros y cientos de artículos. Vive y trabaja en Fort Collins, Colorado.